AISHA FRANZ

WORK-LIFE-BALANCE

REPRODUKT

REDAKTION: WIEBKE HELMCHEN
KORREKTUR: GUSTAV MECHLENBURG
HERSTELLUNG: AISHA FRANZ UND
ALEXANDRA RÜGLER

GOTTSCHEDSTR. 4/ AUFGANG 1
13357 BERLIN

COPYRIGHT ©2022 AISHA FRANZ & REPRODUKT
WORK-LIFE-BALANCE
ISBN 978-3-95640-308-8
DRUCK: OZGRAF, OLSZTYN, POLEN
ALLE DEUTSCHEN RECHTE VORBEHALTEN.
DRITTE AUFLAGE: JUNI 2023

WWW.REPRODUKT.COM

TIPP TIPP TIPP

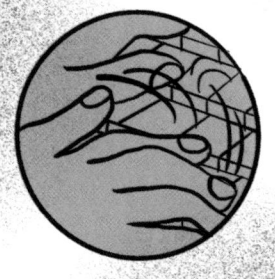

TIPP TIPP

TIPP

TIPP TIPP
TIPP

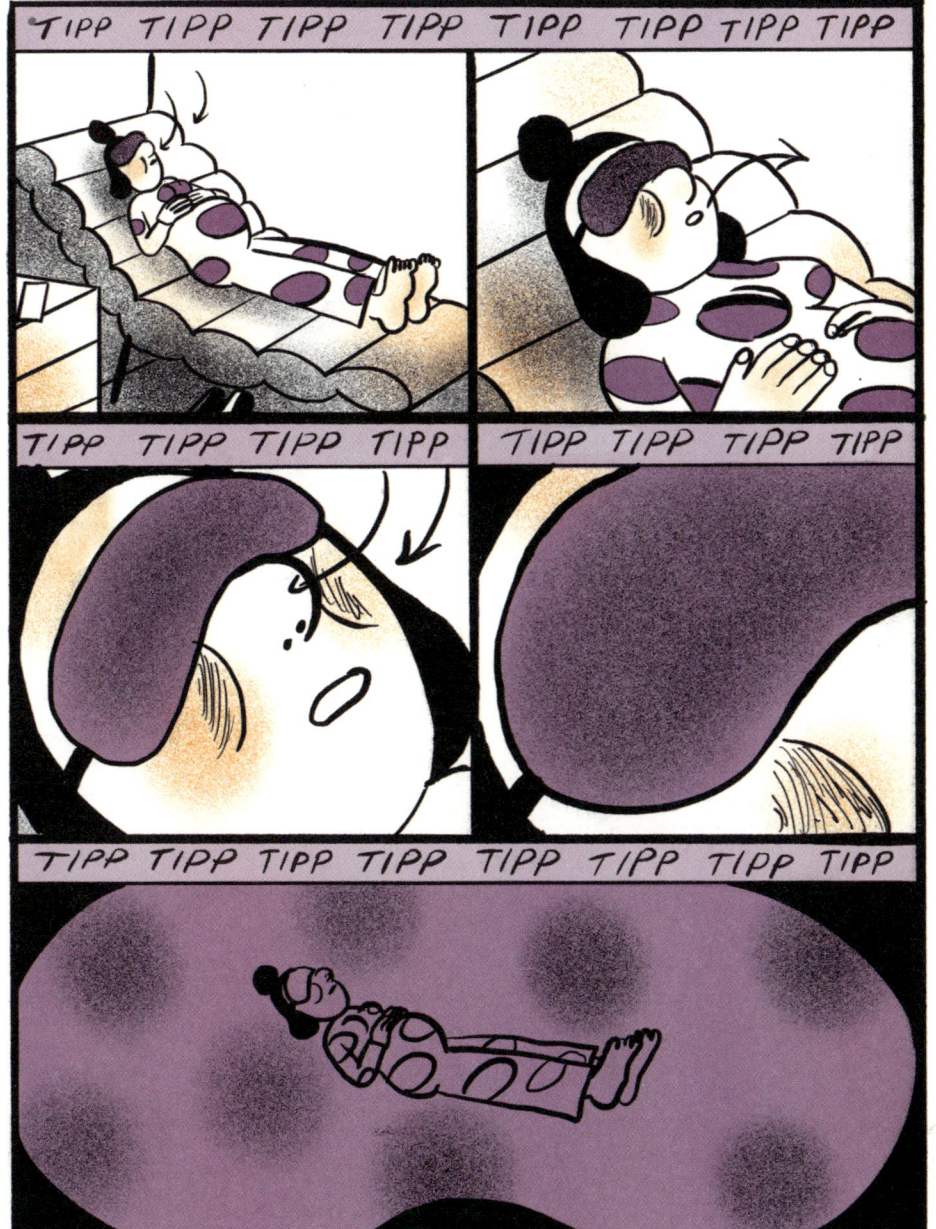

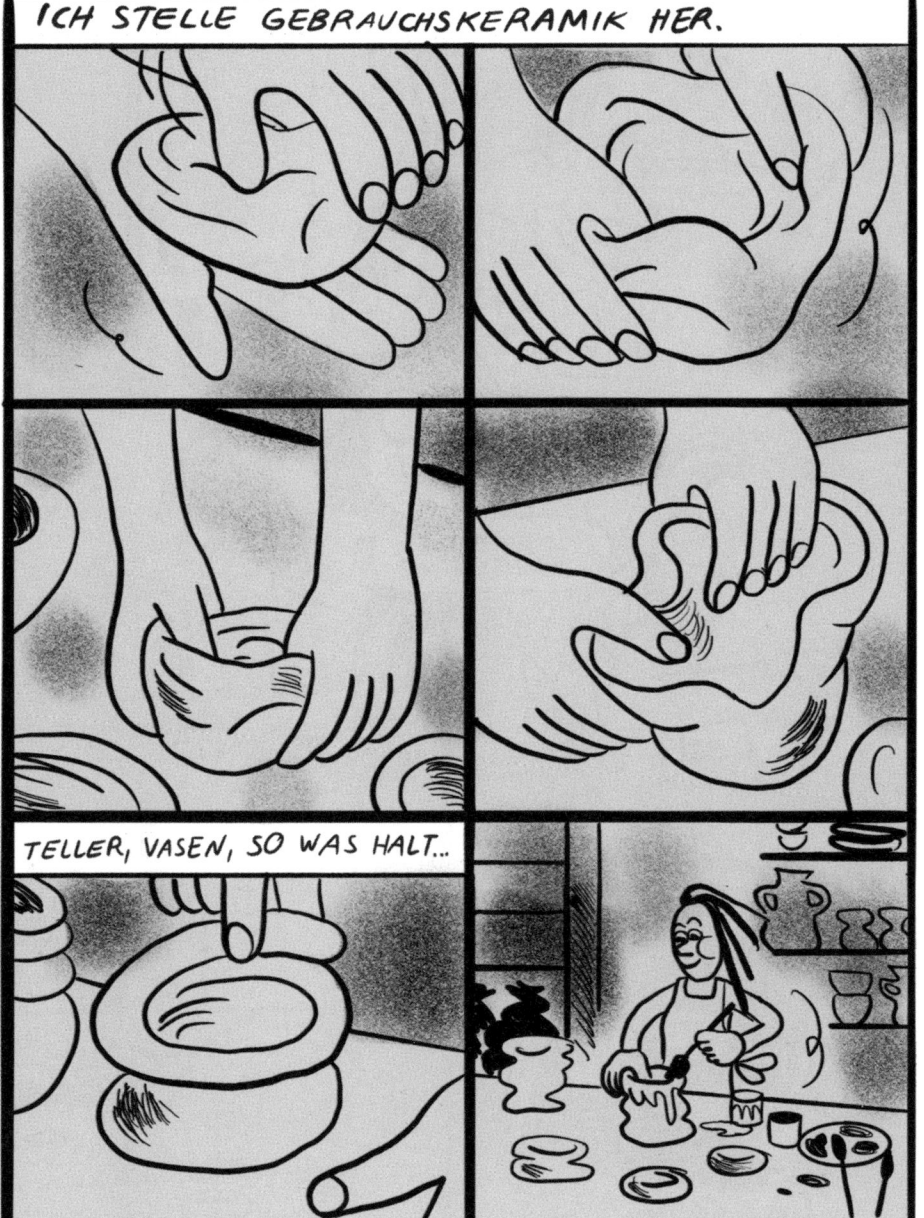

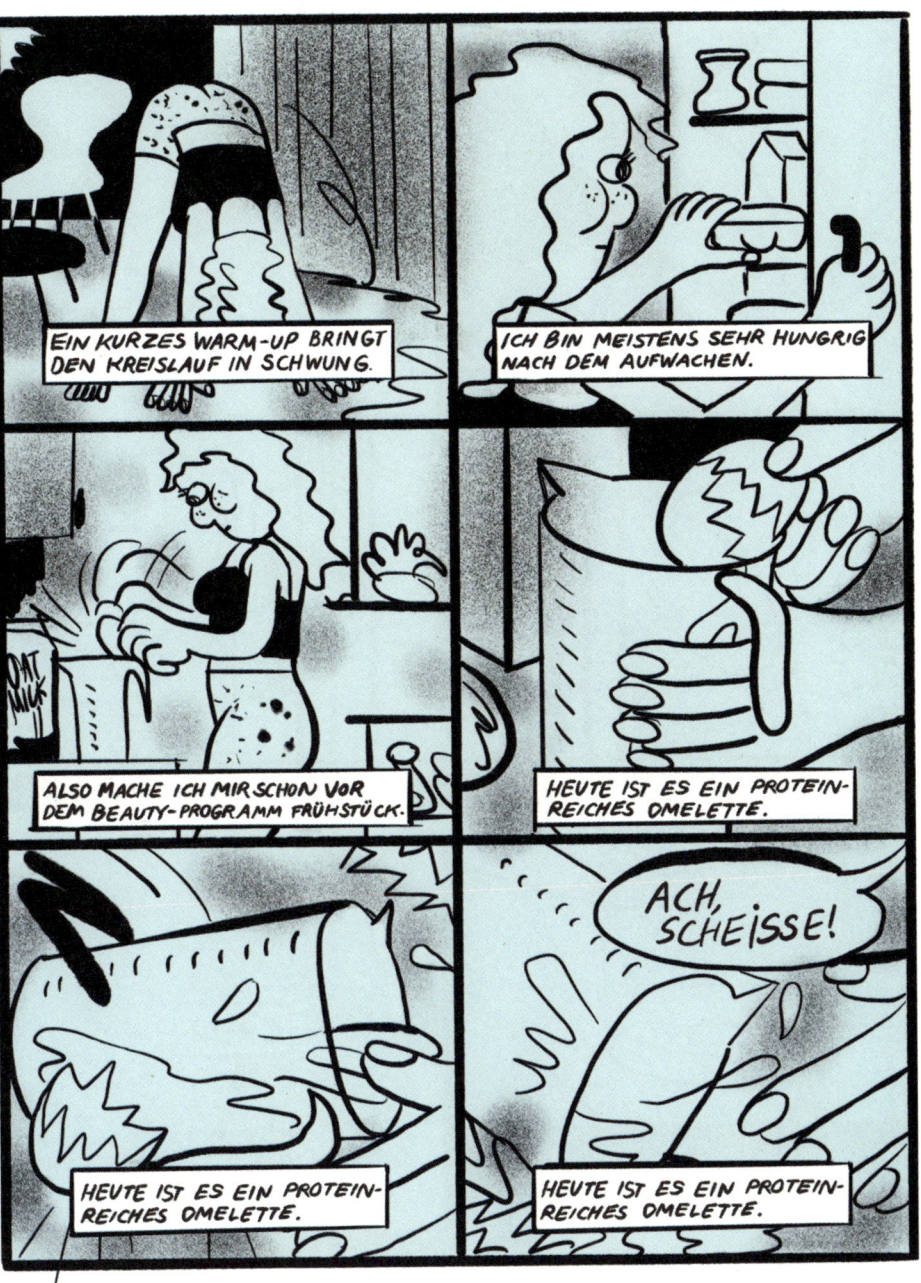

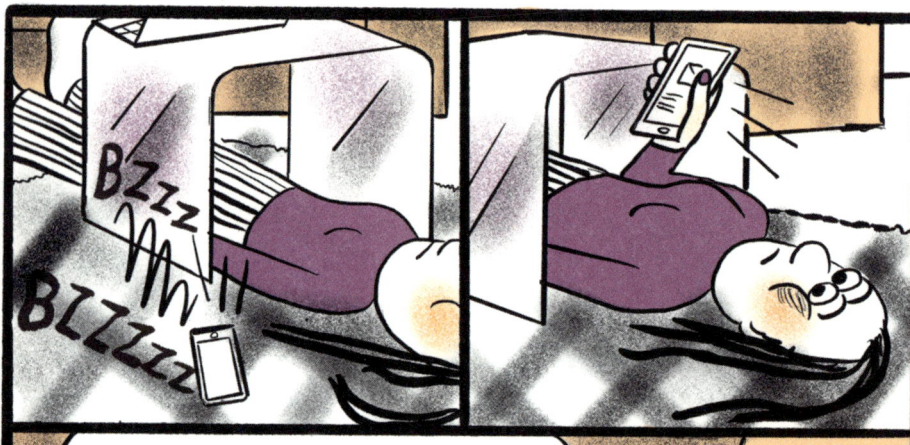

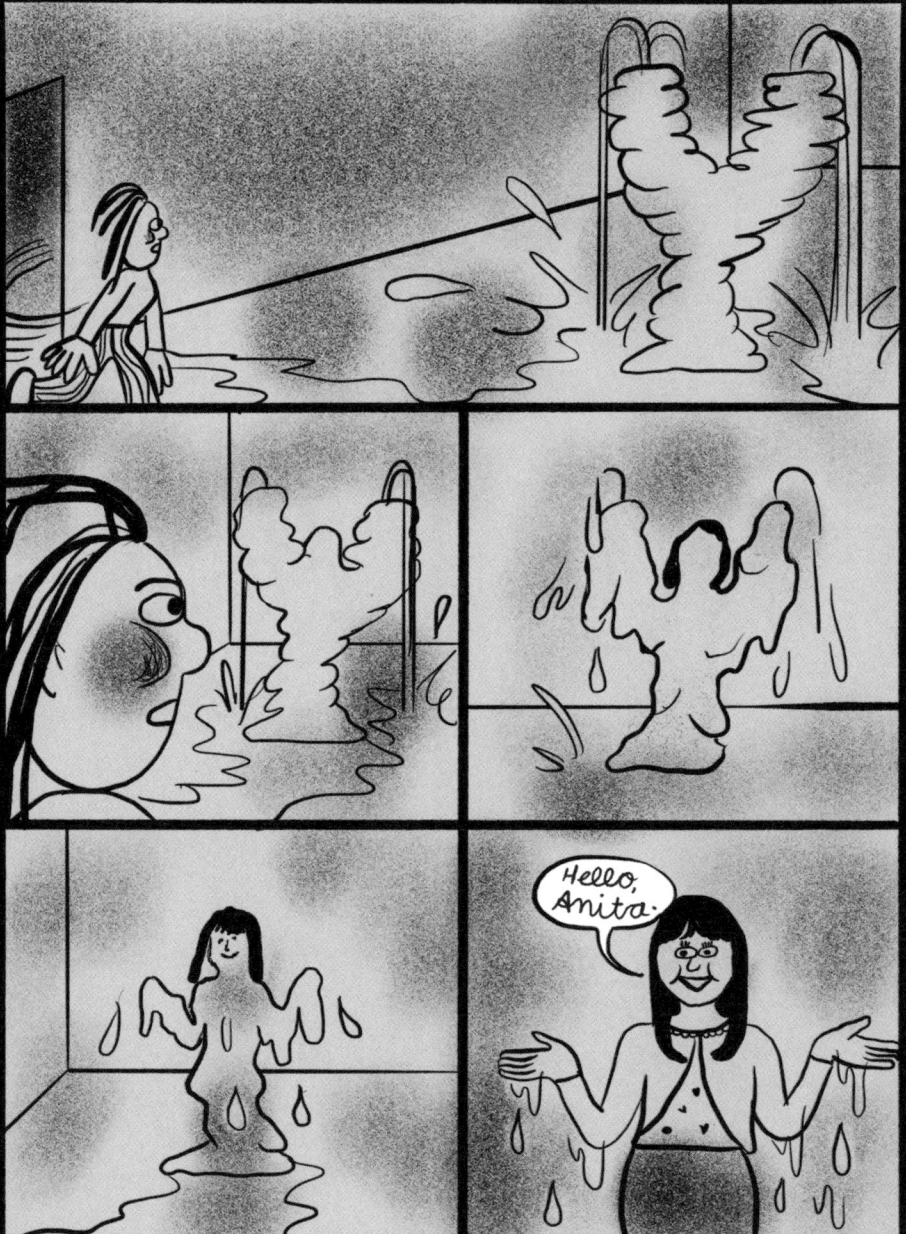

VIRTUAPY

http:// virtuapy.com

Menü

- Log-in
- FAQ
- Extras
- Work-Life-Balance
- About

VIRTUAPY

`V` `http://virtuapy.com`

Erste Sitzung gratis!

Anmelden

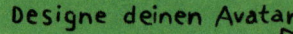
Designe deinen Avatar

Kopfform

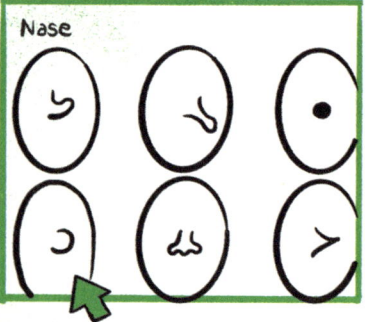
Nase

Haarstyle

Kopfbedeckung

Virtuapy-Gewand

ONLINE - THERAPIE

Wähle jetzt dein Therapie-Environment

Praxis

Beach

Berglandschaft

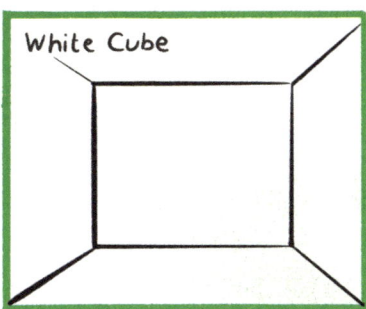
White Cube

Floating Creativity

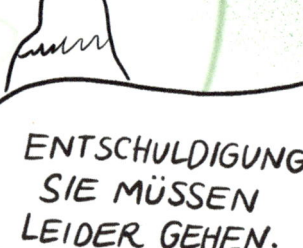

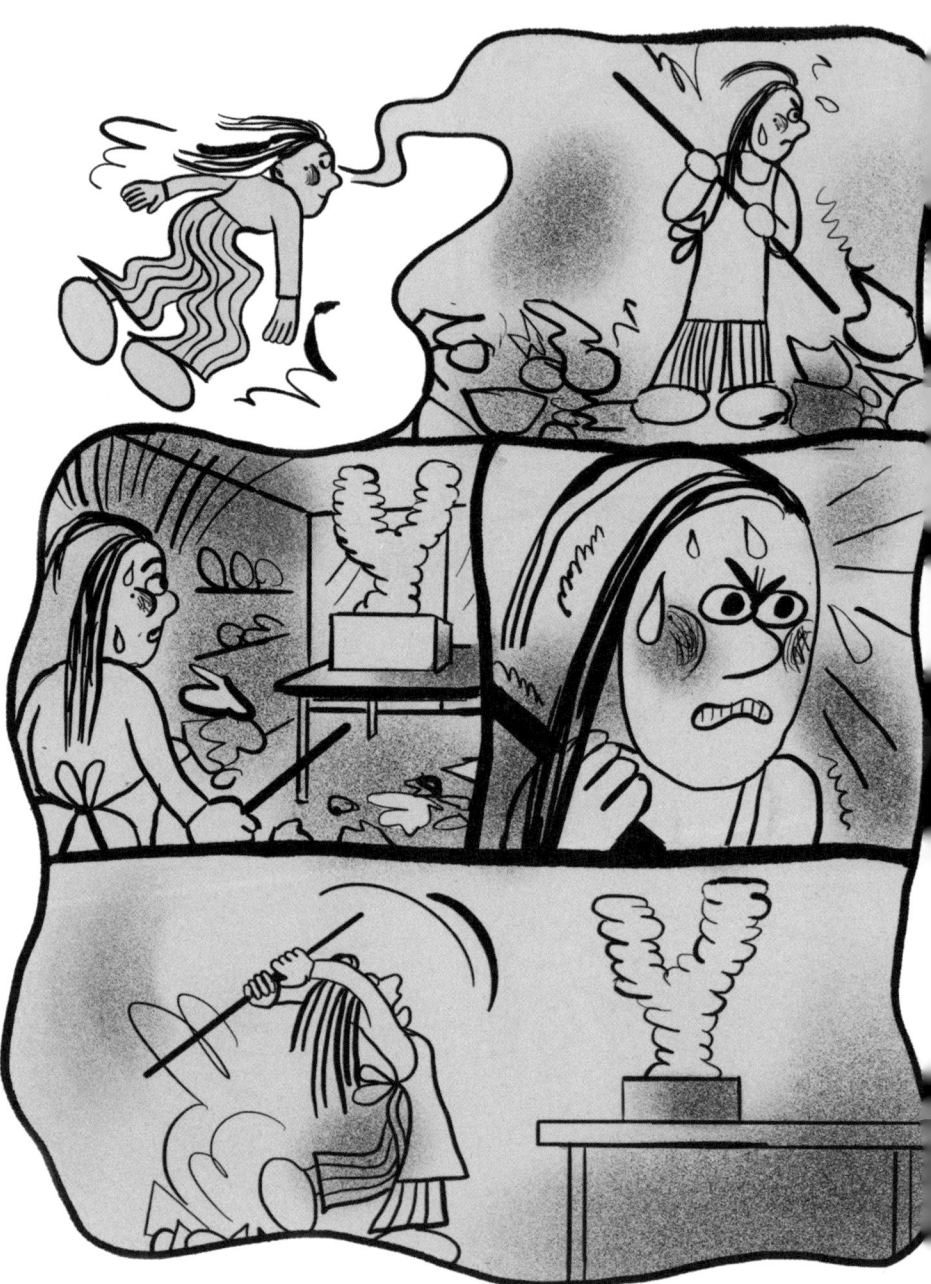

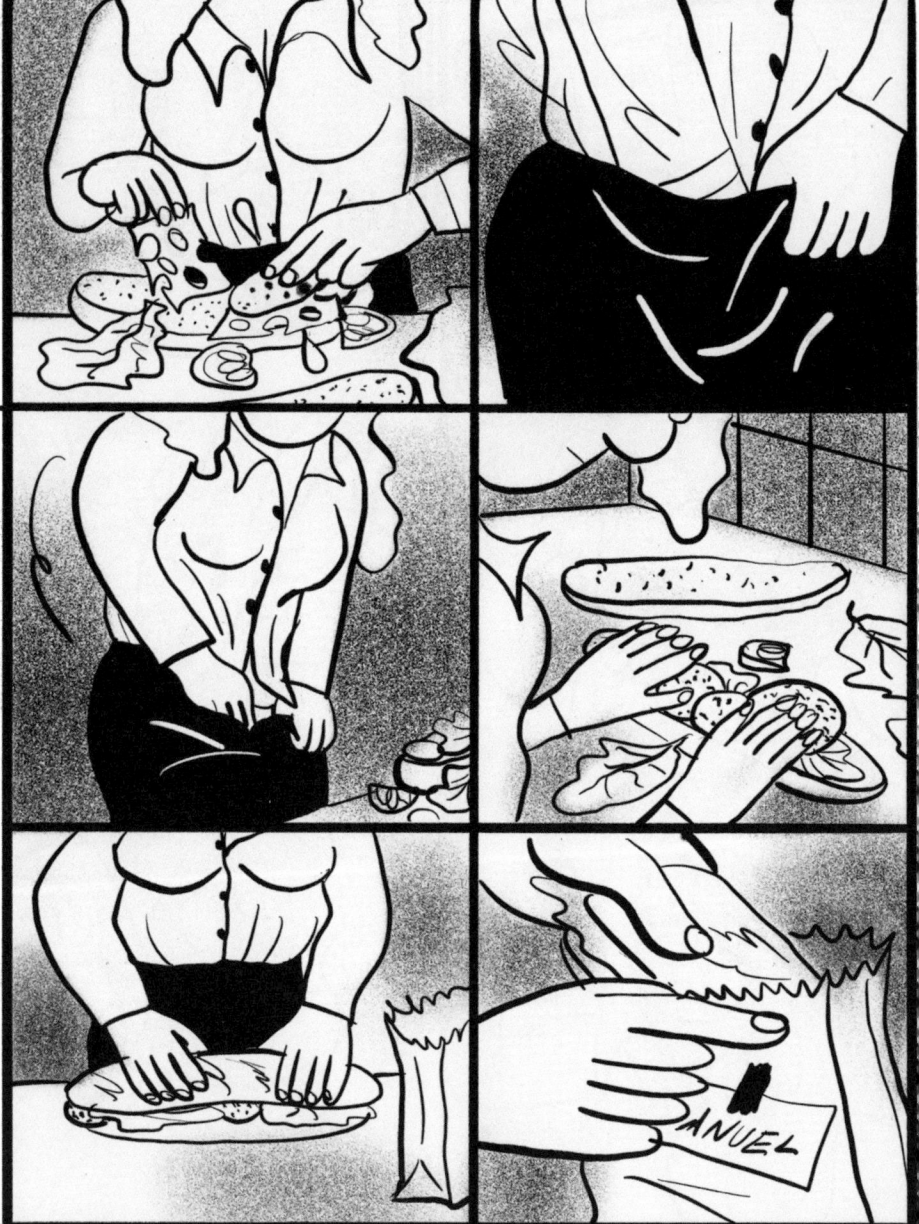

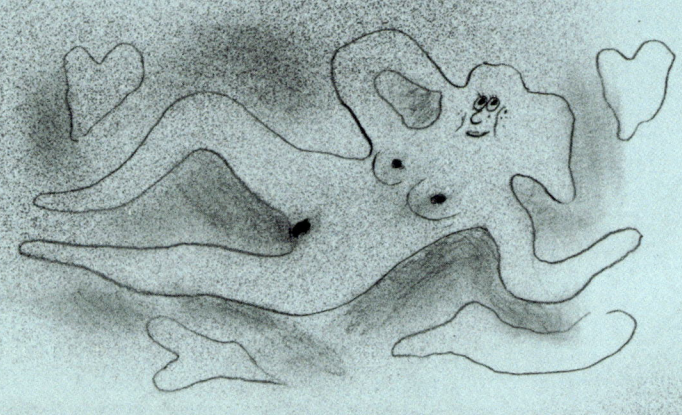

NLINE-THERAPIE

(Schlürf-geräusch)

(Schlürf-geräusch)

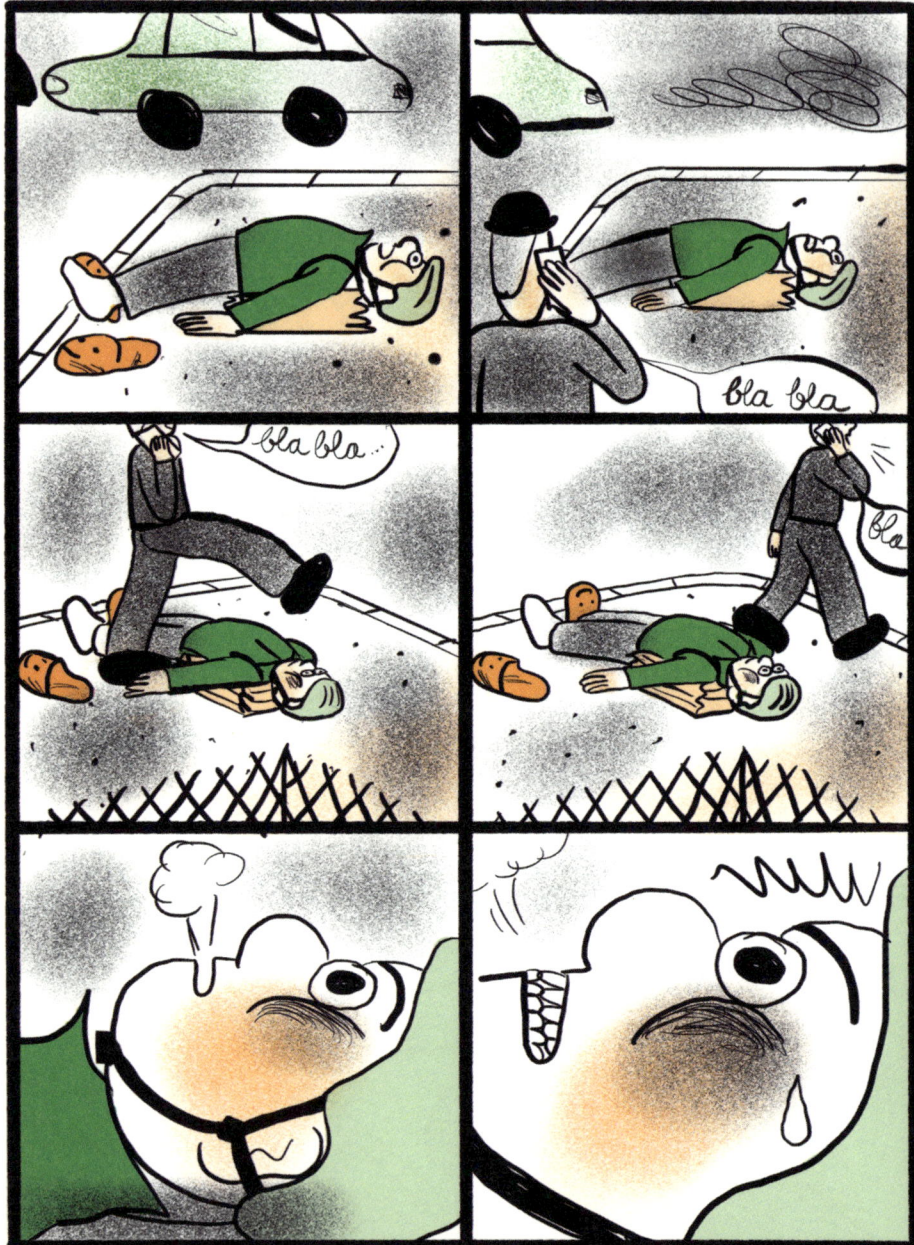

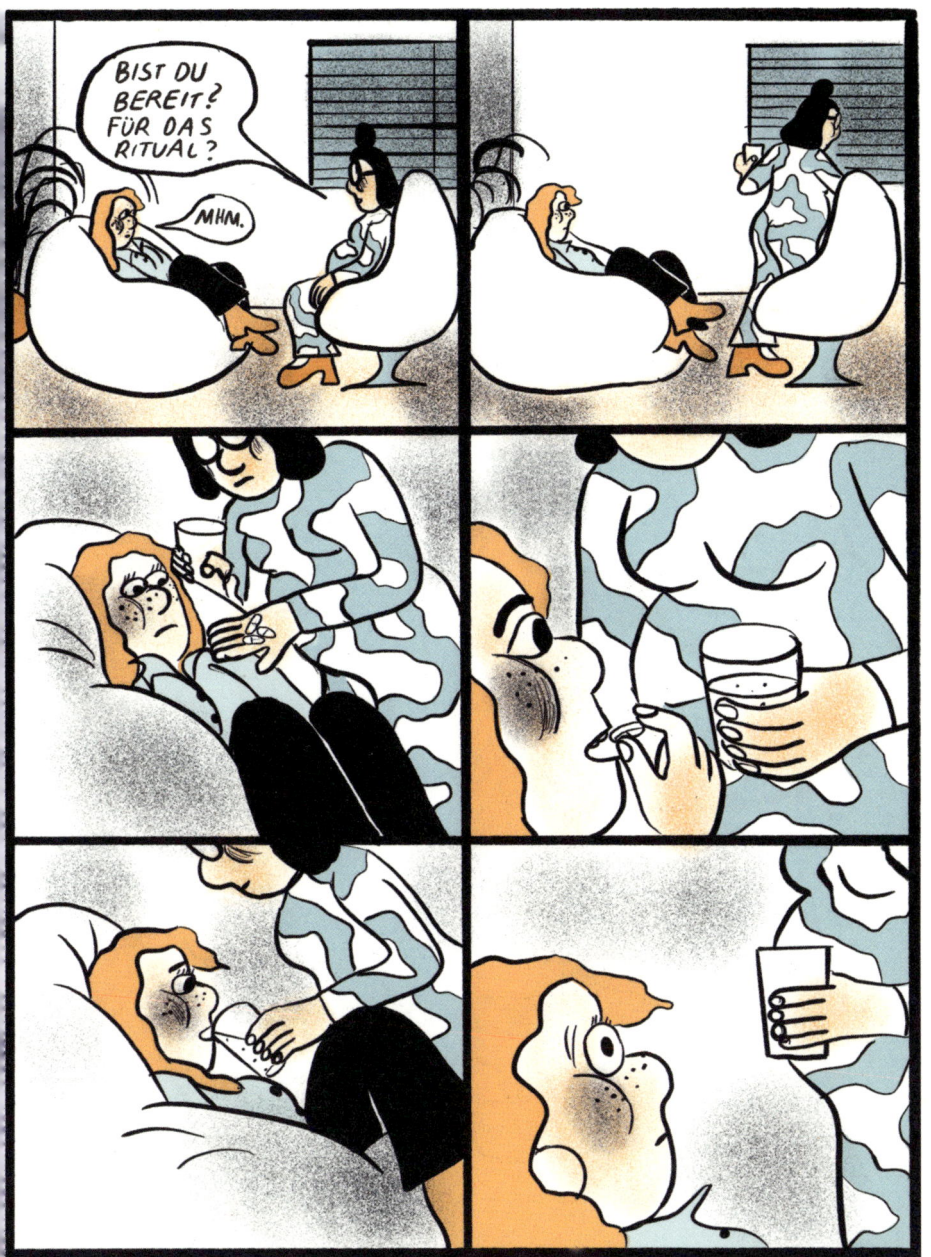

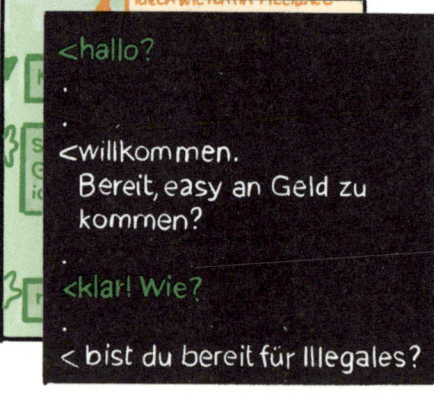

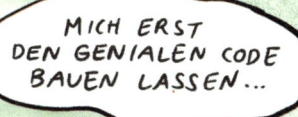

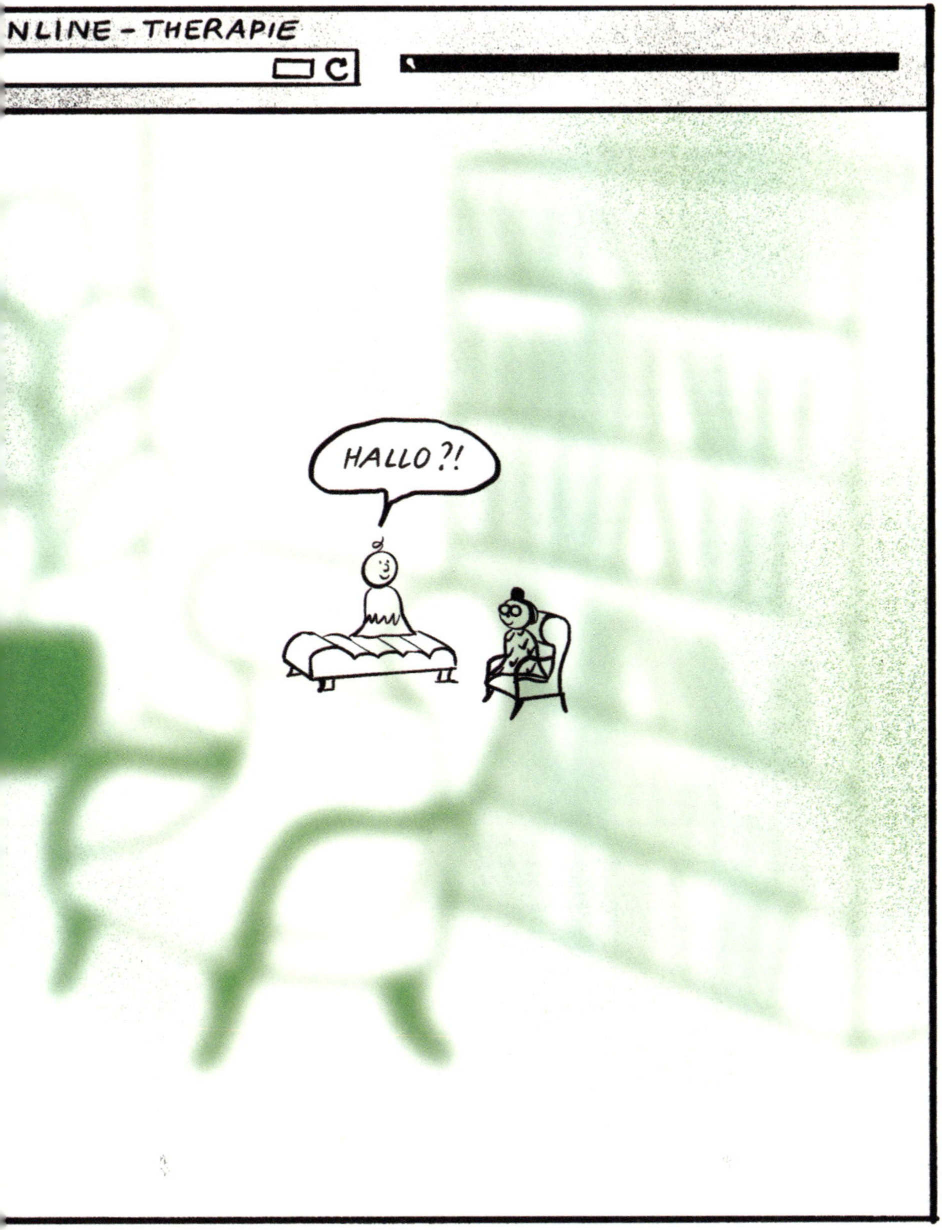
NLINE - THERAPIE
HALLO?!

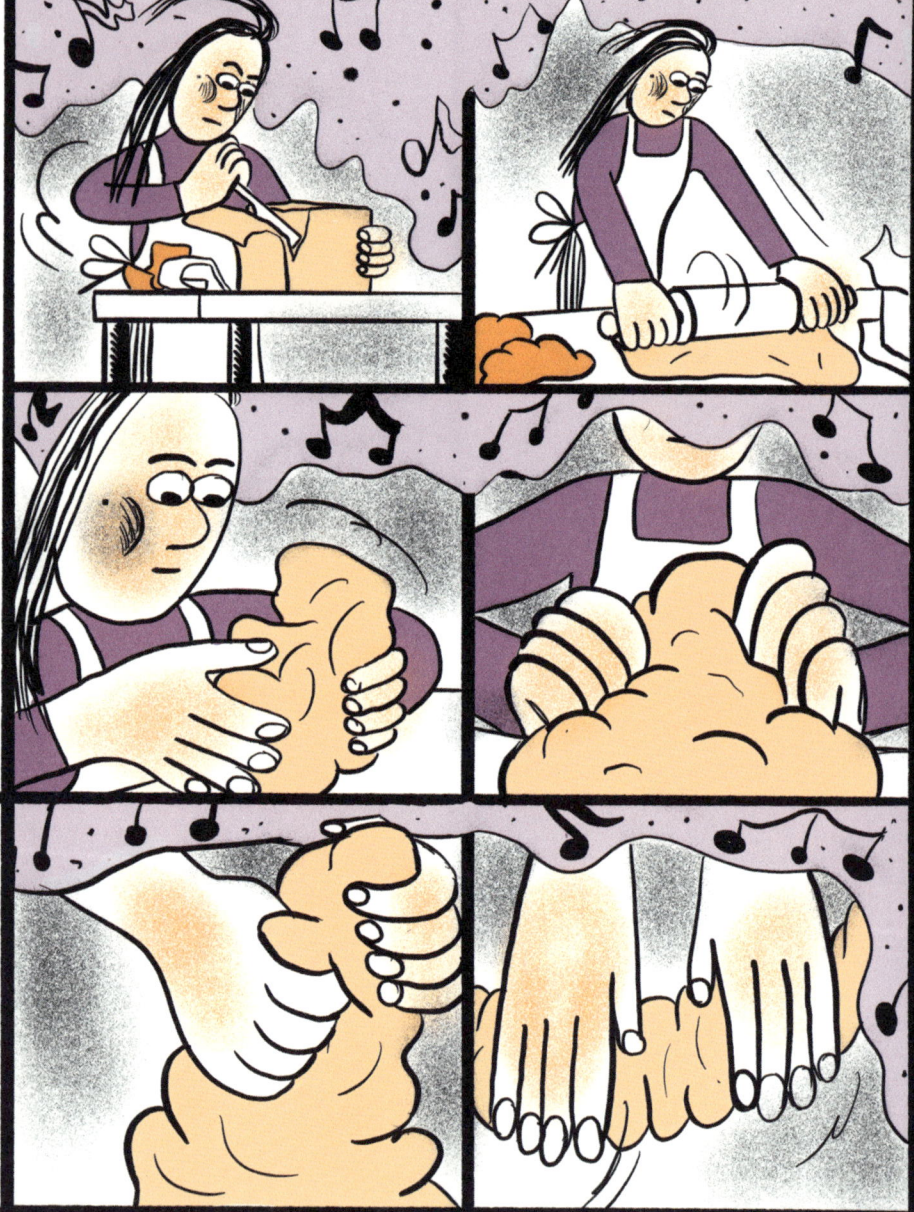

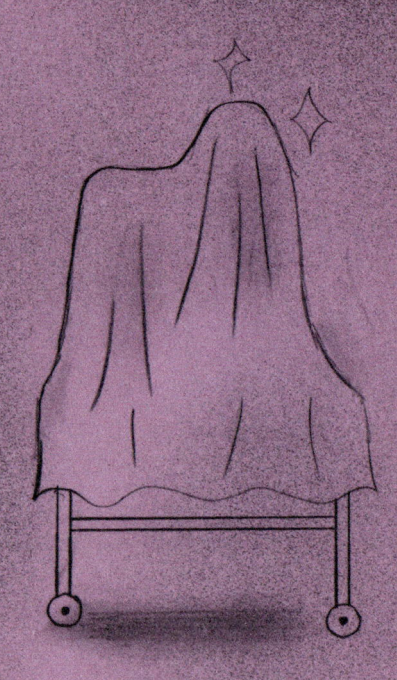

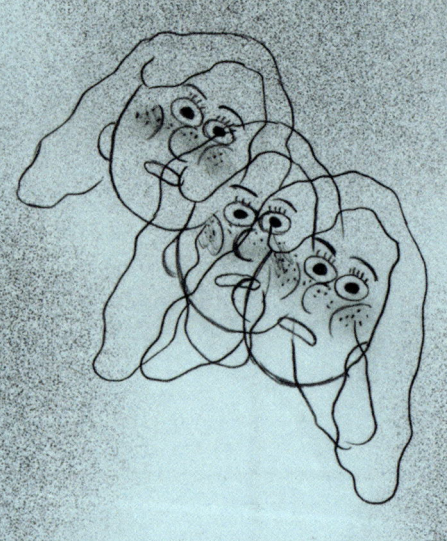

VIRTUAPY
V
http://virtuapy.com/whitecubesession
ICH DARF SIE DOCH SICHER ETWA
PERSÖNLICHES FRAGEN.
WARUM SIND SIE PSYCHOLOGIN GEWORDEN?
ICH HAB MAL GEHÖRT, DASS DIE MEISTEN THERAPEUT:INNEN IHRE EIGENEN DÄMONEN NICHT UNTER KONTROLLE HABEN.

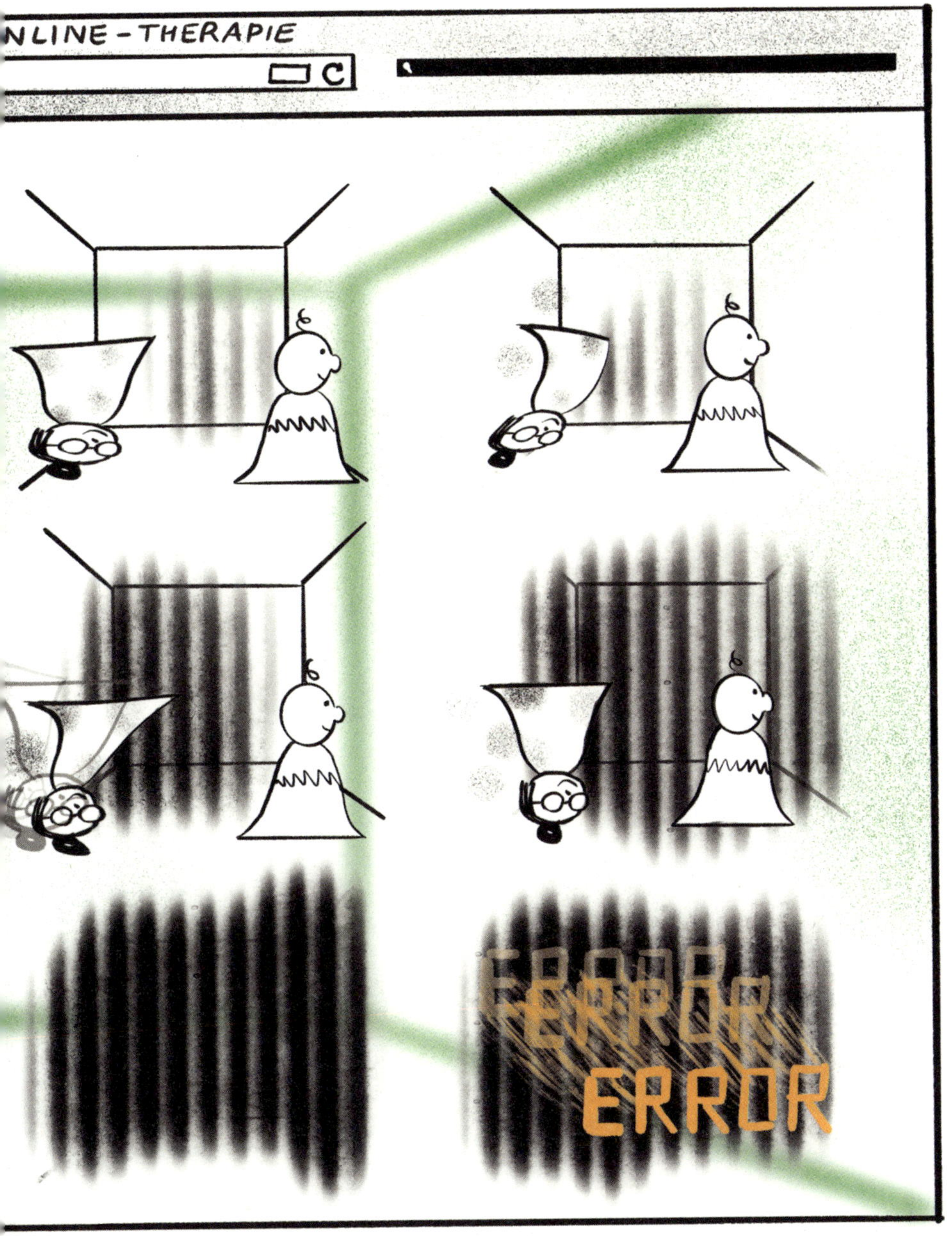
NLINE-THERAPIE
C
ERROR
ERROR

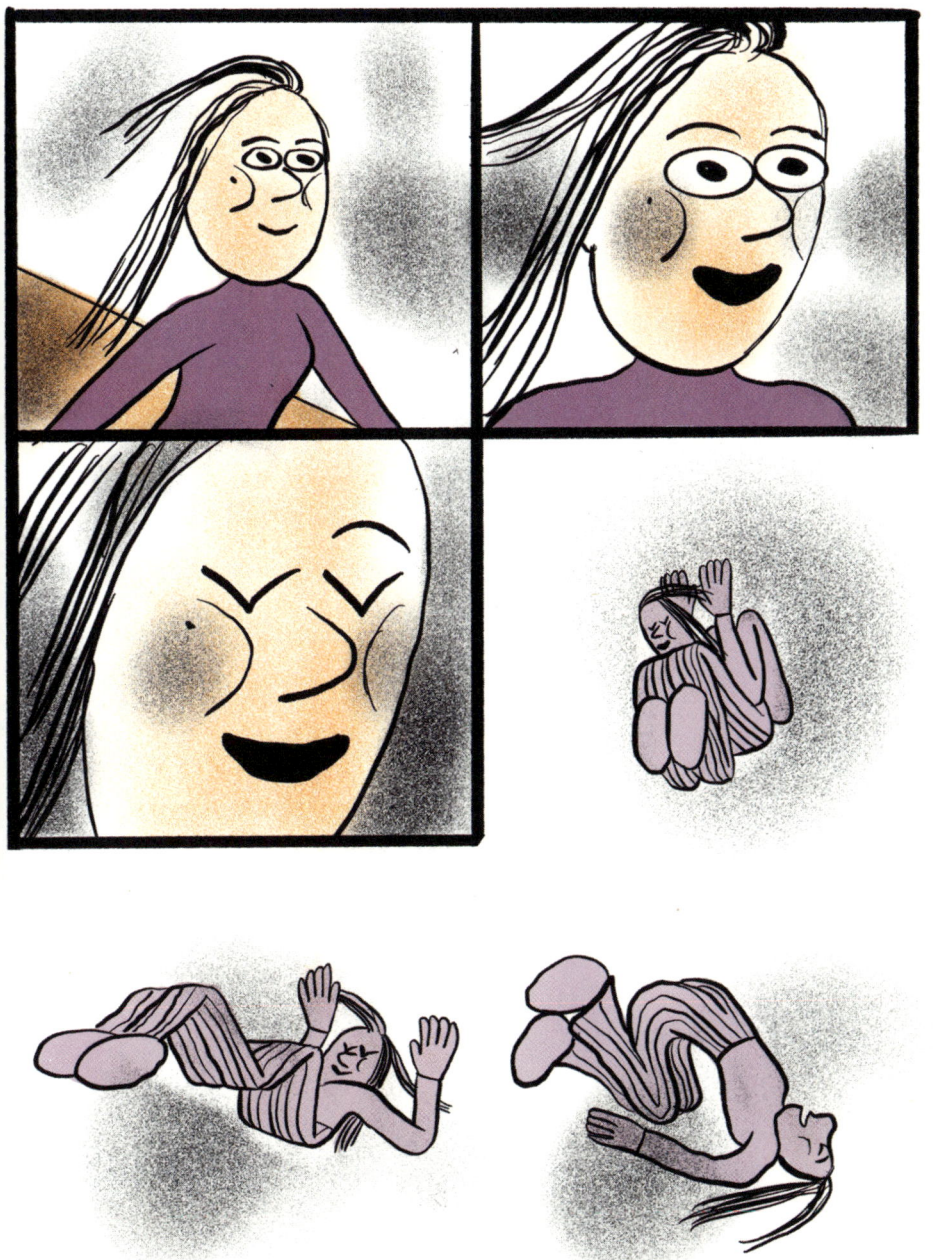

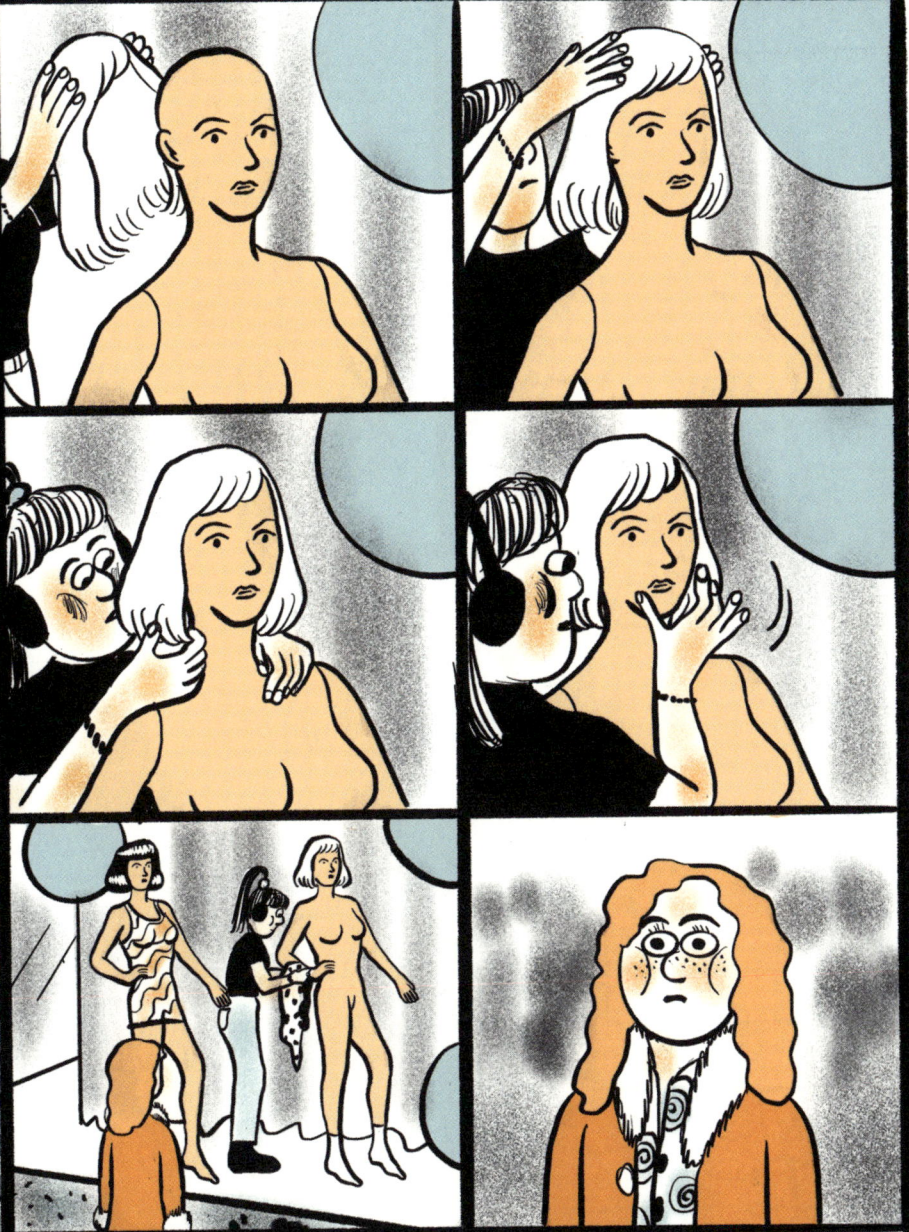

< ja, mega! [H673LK]

< Danke

< ich hab mal recherchiert, dieses Start-up hatte ein ziemlich sicheres System

< Die Server sind seit Tagen down — wie hast du das bloß gemacht?! [Mx89x1]

< Nicht nur das, die Aktienkurse sind abgestürzt, das wird die Millionen kosten

< Unfassbar gute Arbeit! [TL02TK93]

< Es war mir ein persönliches Anliegen, mich an diesem Unternehmen zu rächen.

< Jackpot! [H673LK]

EPILOG

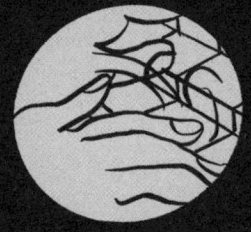

TIPP TIPP

AISHA FRANZ BEI REPRODUKT

ALIEN

BRIGITTE UND DER PERLENHORT

SHIT IS REAL

WORK-LIFE-BALANCE

DANK AN

DIRK & DAS REPRODUKT-TEAM
für die „Work"

MAMI & PAPI
für das „Life"

ELLIS
für die „Balance"

WIEBKE
für das Teamwork

JOHANNA
für die Inspiration

NICK
für alles

AISHA FRANZ, GEBOREN 1984, LEBT IN BERLIN UND ARBEITET ALS ILLUSTRATORIN UND COMIC-ZEICHNERIN. SIE STUDIERTE AN DER KUNSTHOCHSCHULE KASSEL, WO SIE SPÄTER AUCH UNTERRICHTETE. FÜR „WORK-LIFE-BALANCE" ERHIELT SIE 2020 DAS BERLINER COMICSTIPENDIUM. EINE GUTE WORK-LIFE-BALANCE HAT SIE SELBST NICHT IMMER.